Lecture

Repères clés CP - CE1

Avec la collaboration de

Frédérique Grinevald

Christophe Roussel

Illustrations

René Cannella, Morgane David
Christine Donnier, Peggy Nille
Ségolène Robin, Corinne Tarcelin

rue des écoles

Sommaire

Le son [a] écrit a

arbre
arbre
[a] a A a A

Aline
Aline

lapin
lapin

gendarme
gendarme

chocolat
chocolat

papa ■ mardi ■ un rat ■ quatre ■ avec
une barque ■ un lilas ■ un canard

Le son [ə] écrit e

cheval

cheval

[ə] e E e E

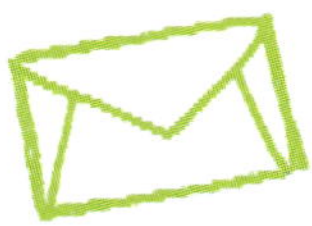

enveloppe

enveloppe

coquetier

coquetier

pamplemousse

pamplemousse

cheminée

cheminée

un chemin ■ un renard ■ une chenille
un chevalier ■ une forteresse ■ jeter ■ peser

Le son [i] écrit i, y

souris

souris

[i] i I i I

tigre

tigre

radis

radis

• [i] peut aussi s'écrire : y Y y Y

pyjama

pyjama

Yvonne

Yvonne

Le son [y] écrit u

usine

usine

[y] u U u U

Ulysse

Ulysse

flûte

flûte

ambulance

ambulance

voiture

voiture

la confiture ■ une tortue ■ une unité
l'écriture ■ une bulle ■ sur ■ le mur ■ juin

Le son [u] écrit ou

ours

ours

[u]

ou ou

poule

poule

four

four

houx

houx

tabouret

tabouret

août ■ le genou ■ le cou ■ une couverture
la bouche ■ un hibou ■ un moulin ■ un clou

Le son [ɔ] écrit o

ordinateur

ordinateur

[ɔ] o O o O

Oscar

Oscar

bol

bol

couronne

couronne

carotte

carotte

l'école ■ une cloche ■ le port ■ un objet
l'ordre ■ propre ■ une otarie ■ une corde

Le son [o] écrit o

lavabo

lavabo

[o] o O o O

escargot

escargot

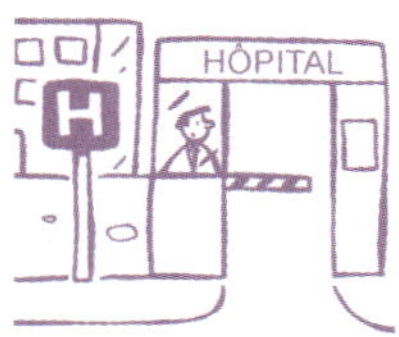

hôpital

hôpital

pot

pot

0

zéro

zéro

le dos ■ un mot ■ un côté ■ un cageot
un hôtel ■ un canot ■ un abricot ■ un stylo

Le son [o] écrit eau, au

château
château

[o] eau eau

marteau
marteau

oiseau
oiseau

• [o] peut aussi s'écrire : au au

chaussures
chaussures

artichaut
artichaut

Le son [e] écrit é

étoile

étoile

[e] é é

éléphant

éléphant

bouée

bouée

écurie

écurie

lézard

lézard

un écureuil ■ un dé ■ le départ ■ des céréales
une poupée ■ l'écriture ■ un médecin

Le son [e] écrit er, ez

boulanger

boulanger

[e] er er

pompier

pompier

souffler

souffler

- [e] peut aussi s'écrire : ez ez

nez

nez

Attendez !

Attendez !

Le son [wa] écrit oi

oie

oie

[wa] oi oi

roi

roi

doigt

doigt

rasoir

rasoir

poisson

poisson

trois ■ le toit ■ le trottoir ■ voir ■ une ardoise
un oiseau ■ une balançoire ■ noir

Le son [l] écrit l

lune

lune

[l]

l L l L

Léa

Léa

éléphant

éléphant

bulle

bulle

cheval

cheval

un plat ■ le journal ■ un livre ■ la classe
le cartable ■ la lampe ■ lundi ■ avril

Le son [m] écrit m

[m]

maison

maison

m M m M

Marie

Marie

manège

manège

pomme

pomme

tomate

tomate

mercredi ■ mars ■ un ami ■ maman
une larme ■ une flamme ■ la lumière

Le son [n] écrit n

nid

nid

[n] n N n N

Nicole

Nicole

canard

canard

banane

banane

bonnet

bonnet

novembre ■ du nougat ■ neuf ■ une nappe
l'avenir ■ la farine ■ un animal ■ une niche

Le son [d] écrit d

dé

dé

[d] d D d D

Dylan

Dylan

dragon

dragon

cadeau

cadeau

salade

salade

deux ■ un radis ■ dimanche ■ dans
un camarade ■ une dinde ■ le déjeuner

Le son [t] écrit t

toupie

toupie

[t] t T t T

Thomas

Thomas

château

château

bottes

bottes

citron

citron

octobre ■ la table ■ un trou ■ la terre
une tarte ■ un tapis ■ une route ■ une minute

Le son [b] écrit b

banane

banane

[b] b B b B

Benoît

Benoît

bébé

bébé

zèbre

zèbre

bonbon

bonbon

une boîte ■ un bol ■ une brosse ■ bleu
la barbe ■ un tableau ■ un bouquet

Le son [p] écrit p

pipe

pipe

[p] p P p P

Paul

Paul

pompier

pompier

dompteur

dompteur

sapin

sapin

une nappe ■ septembre ■ du papier
une poubelle ■ un parapluie ■ un papillon

Le son [f] écrit f ph

[f]

fille

fille

f F f F

Francis

Francis

dentifrice

dentifrice

- [f] peut aussi s'écrire : ph ph

phare

phare

photographe

photographe

Le son [v] écrit v

vélo

vélo

[v]

v V v V

Véronique

Véronique

cravate

cravate

traverser

traverser

endive

endive

Remarque : [v] s'écrit w dans le mot wagon.

Le son [k] écrit c

cartable

cartable

[k]

c C c C

Cathy

Cathy

tracteur

tracteur

canard

canard

sac

sac

mercredi ■ octobre ■ copier ■ un cahier
un crayon ■ écrire ■ un lac ■ avec

Le son [k] écrit qu, k

[k]

quille

quille

q Q q Q

Quentin

Quentin

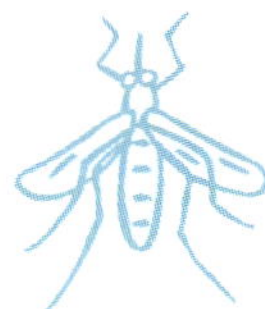

moustique

moustique

- [k] peut aussi s'écrire : k K k K

Karine

Karine

koala

koala

Le son [R] écrit r

radis

radis

[R]

r R r R

Robin

Robin

robe

robe

arbre

arbre

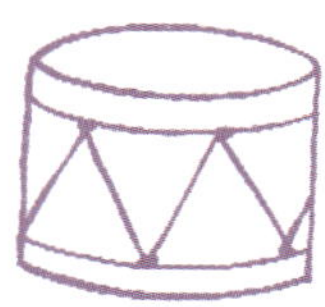

tambour

tambour

mardi ■ septembre ■ un drap ■ un nombre
des céréales ■ un carré ■ rouge

Le son [ɛ] écrit è, ê

crème

crème

[ɛ] è è

chèvre

chèvre

grand-mère

grand-mère

- [ɛ] peut aussi s'écrire : ê ê

tête

tête

bêtes

bêtes

Le son [ɛ] écrit ai, ei

lait

lait

[ɛ] ai ai

araignée

araignée

balai

balai

- [ɛ] peut aussi s'écrire : ei ei

reine

reine

peigne

peigne

Le son [ɛ] écrit e (+ consonne)

marionnette

marionnette

[ɛ] e(tt) e(tt)

caserne

caserne

verre

verre

miel

miel

poubelle

poubelle

Remarque : [ɛ] peut aussi s'écrire : et et.
un jouet ■ un bonnet ■ le poignet ■ un bracelet

Le son [ã] écrit an, am

ange

ange

[ã] an an

maman

maman

branche

branche

- [ã] peut aussi s'écrire : am am

lampe

lampe

ampoule

ampoule

Le son [ã] écrit en, em

enveloppe

enveloppe

[ã] en en

calendrier

calendrier

tente

tente

- [ã] peut aussi s'écrire : em em

empreinte

empreinte

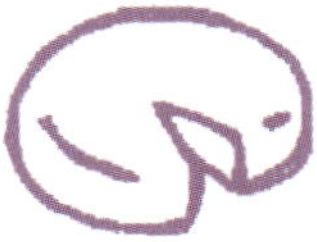

camembert

camembert

Les sons [ɛ̃] et [œ̃]

Le son [ɛ̃] écrit in, im

sapin

sapin

[ɛ̃] in in

singe

singe

moulin

moulin

- [ɛ̃] peut aussi s'écrire : im im

imperméable

imperméable

imprudente

imprudente

Le son [ɛ̃] écrit ain, ein

nain

nain

[ɛ̃] ain ain

pain

pain

main

main

- [ɛ̃] peut aussi s'écrire : ein ein

peinture

peinture

ceinture

ceinture

Le son [ɛ̃] écrit en

chien
chien

[ɛ̃] en en

Le son [œ̃] écrit un

un
un

[œ̃] un un

Remarque : [œ̃] s'écrit um dans le mot parfum.

Le son [ɔ̃] écrit on, om

ongle

ongle

[ɔ̃] on on

montre

montre

mouton

mouton

- [ɔ̃] peut aussi s'écrire : om om

ombre

ombre

pompier

pompier

Le son [œ] écrit eu

9

neuf

neuf

[œ]

eu eu

aspirateur

aspirateur

immeuble

immeuble

marcheur

marcheur

dompteur

dompteur

ascenseur ■ un docteur ■ une couleuvre
un fleuve ■ la gueule ■ une erreur ■ l'heure

Le son [ø] écrit eu, œu

2

deux

deux

[ø]

eu eu

jeu

jeu

Eugénie

Eugénie

• [ø] peut aussi s'écrire : œu œu

nœud

nœud

œufs (des)

œufs (des)

Le son [ʒ] écrit j

[ʒ]

journal

journal

j J j J

Jordan

Jordan

jumeaux

jumeaux

pyjama

pyjama

jupe

jupe

je ■ jeudi ■ juin ■ jaune ■ le jardin
un objet ■ joli ■ jouer ■ juste ■ la jambe

Le son [ʒ] écrit g

[ʒ]

girafe

girafe

g G *g G*

Geneviève

Geneviève

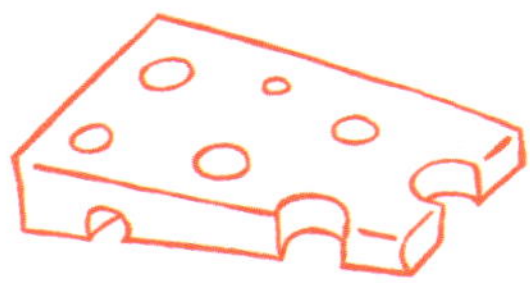

fromage

fromage

bougie

bougie

bourgeon

bourgeon

rouge ■ mon genou ■ la gymnastique
un étage ■ ranger ■ un bougeoir ■ un pigeon

Le son [g] écrit g, gu

garçon

garçon

[g]

g G g G

gant

gant

grenouille

grenouille

- [g] peut aussi s'écrire : gu gu

guitare

guitare

muguet

muguet

Le son [ɲ] écrit gn

[ɲ]

champignon

champignon

gn gn

cigogne

cigogne

peigne

peigne

enseigne

enseigne

agneau

agneau

gagner ■ la campagne ■ une consigne ■ une ligne ■ un peigne ■ un beignet

Le son [s] écrit s, t

escargot

escargot

[s]

s S s S

Sylvie

Sylvie

brosse

brosse

- [s] peut aussi s'écrire : t t

dalmatien

dalmatien

2 + 3 = 5

addition

addition

Le son [s] écrit c, ç

citron

citron

[s] c C c C

paire de ciseaux

paire de ciseaux

sucette

sucette

- [s] peut aussi s'écrire : ç ç

garçon

garçon

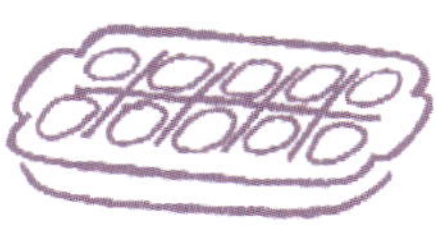

glaçon

glaçon

Le son [z] écrit s, z

chaise

chaise

[z] s S s S

raisin

raisin

maison

maison

- [z] peut aussi s'écrire : z Z z Z

Zoé

Zoé

lézard

lézard

Le son [ʃ] écrit ch

chat

cha

[ʃ] ch ch

Charles

Charles

cochon

cochon

ruche

ruche

chou

chou

une chèvre ■ riche ■ une mouche
une écharpe ■ chut ! ■ chercher ■ acheter

Le son [j] écrit i, y

piano

piano

[j] i I i I

miel

miel

panier

panier

- [j] peut aussi s'écrire : y Y y Y

écuyère

écuyère

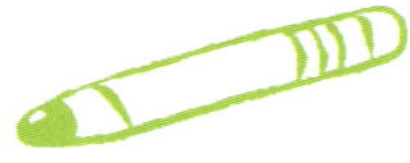

crayon

crayon

Le son [j] écrit il, ill

soleil

soleil

[j] il il

fauteuil

fauteuil

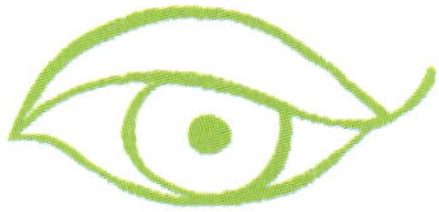

œil

œil

- [j] peut aussi s'écrire : ill ill

papillon

papillon

grenouille

grenouille

Les sons [t] et [d]

• Il ne faut pas confondre le son [t], qui s'écrit avec la lettre t, et le son [d], qui s'écrit avec la lettre d.

[t]

tomate

tomate

tasse

tasse

[d]

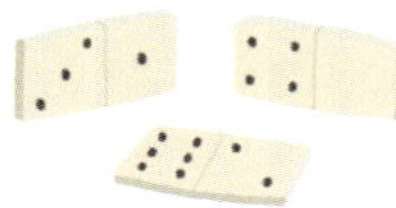

un domino

domino

radis

radis

• Le son [t] peut aussi s'écrire : tt tt et th th

thé

thé

patte

patte

Les sons [p] et [b]

• Il ne faut pas confondre le son [p], qui s'écrit avec la lettre p, et le son [b], qui s'écrit avec la lettre b.

[p]	[b]

poule poule	boule boule

lapin lapin	abricot abricot

• Le son [p] s'écrit parfois : pp pp

appareil
appareil

je m'appelle
je m'appelle

Les sons [m] et [n]

- Il ne faut pas confondre le son [m], qui s'écrit avec la lettre *m*, et le son [n], qui s'écrit avec la lettre *n*.

[m]

lama

lama

amande

amande

[n]

banane

banane

ananas

ananas

- Le son [m] peut s'écrire avec deux *m* : mm *mm* et le son [n] peut s'écrire avec deux *n* : nn *nn*.

pomme

pomme

marionnette

marionnette

Les sons [f] et [v]

- Il ne faut pas confondre le son [f], qui s'écrit le plus souvent avec la lettre *f* et le son [v], qui s'écrit le plus souvent avec la lettre *v*.

[f]

fourmi

fourmi

feuille

feuille

[v]

vélo

vélo

lavabo

lavabo

- Le son [f] peut aussi s'écrire avec deux *f* : ff *ff* ou bien ph *ph*. Le son [v] peut s'écrire : w *w*.

affiche

affiche

pharmacie

pharmacie

wagon

wagon

Les sons [k] et [g]

- Il ne faut pas confondre le son [k], qui s'écrit qu qu ou c c (devant a, o, u, r, l), et le son [g], qui s'écrit g g (devant a, u, o, l, r).

[k]

coq

coq

40

quarante

quarante

[g]

gorille

gorille

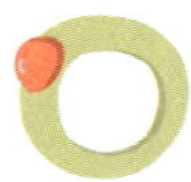

bague

bague

- Le son [k] peut aussi s'écrire : k k ou ch ch.

kangourou

kangourou

orchestre

orchestre

Les sons [ʃ] et [ʒ]

- Il ne faut pas confondre le son [ʃ] qui s'écrit ch ch et le son [ʒ] qui s'écrit j j.

[ʃ]

chou

chou

tache

tache

[ʒ]

joue

joue

jupe

jupe

- Le son [ʃ] peut aussi s'écrire : sh sh.
- Le son [ʒ] peut aussi s'écrire : g g (devant i ou e).

shampoing

shampoing

bougie

bougie

Les sons [ɲ], [g] et [k]

Ces trois sons se ressemblent, mais ils **s'écrivent pourtant différemment.**

- Le son [ɲ] s'écrit : gn gn.
- Le son [g] s'écrit : g g (devant a, o, u, l, r).
- Le son [k] s'écrit : qu qu.

[ɲ]

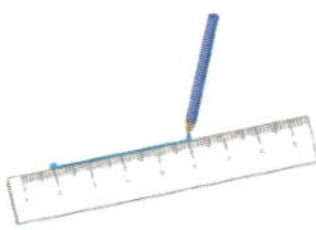

ligne

ligne

cygne

cygne

[g]

gâteau

gâteau

gomme

gomme

[k]

casquette

casquette

cirque

cirque

Les groupes de lettres ph, ch et l'h muet

L'h associé avec la lettre p ou c produit un son différent.

- p et h forment le son [f].
- c et h produisent le son [ʃ].
- Parfois, l'h ne produit pas de son du tout. On dit qu'il est muet.

ph ph [ʃ]	ch ch [ʃ]	h h [']

phare phare	cheval cheval	hibou hibou

phoque phoque	mouchoir mouchoir	héron héron

Attention ! ch peut produire le son [k], comme dans Christophe, une chorale.

Les sons [pl] et [bl], [kl], [gl] et [fl]

Ces sons sont très proches à l'écrit et à l'oral, il faut donc bien les distinguer quand on lit.

- [pl] s'écrit p + l, [bl] s'écrit b + l.

[pl]	[bl]

plongeur	bleu
plongeur	bleu

- Le son [kl] s'écrit c + l, le son [gl] s'écrit g + l.

[kl]	[gl]

clé	ongle
clé	ongle

- Le son [fl] s'écrit f + l.

[fl]  fleur fleur

Les sons [pr] et [br], [kr] et [gr], [tr] et [dr], [fr] et [vr]

Voici encore des sons proches et que l'on peut facilement confondre. Il est donc très important de les lire attentivement, sans aller trop vite.

- Le son [pr] s'écrit p + r et le son [br] s'écrit b + r.
- Le son [kr] s'écrit c + r et le son [gr] s'écrit g + r.

[pr]	[br]	[kr]	[gr]
		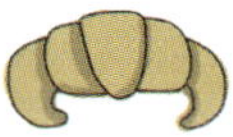	
prix	brioche	croissant	grenouille
prix	brioche	croissant	grenouille

- Le son [tr] s'écrit t + r et le son [dr] s'écrit d + r.
- Le son [fr] s'écrit f + r et le son [vr] s'écrit v + r.

[tr]	[dr]	[fr]	[vr]

trésor	dragon	France	livre
trésor	dragon	France	livre

Les syllabes inversées

Lors des premières leçons de lecture, on commence par combiner une consonne avec une voyelle : l + a, r + i, s + u...
Il est plus difficile de faire suivre une voyelle d'une consonne : a + s, i + r, u + l...
Cela s'appelle des syllabes inversées.
Voici les principales syllabes inversées que l'on rencontre en lecture.

- ac : un sac ■ ec : le bec ■ ic : je tricote ■ oc : une location
uc : du bolduc ■ ouc : un bouc ■ éc : l'école

- al : une balle ■ el : du sel ■ il : du fil ■ ol : le bol ■ ul : du calcul
oul : un jeu de boules

- ap : un appareil ■ ép : épouser ■ ip : une pipe ■ op : un stop
oup : une toupie

- ab : une table ■ éb : un éboulement ■ ib : la liberté
  ob : un robot ■ ub : un tube ■ oub : un oubli

- ar : une tarte ■ er : la Terre ■ ir : déchirer ■ or : la tortue
  ur : la purée ■ our : un ours

- as : un as ■ es : escalader ■ is : une piste ■ os : une bosse
  us : un bus ■ ous : du couscous

- at : attention ■ ét : un établissement ■ it : une mite
  ot : des bottes ■ ut : la lutte ■ out : du mazout

- av : un avion ■ év : un évier ■ iv : le niveau ■ uv : une étuve
  ouv : la louve

Les sons [t] (tie, tion) et [s] (tie, tion)

Certaines lettres correspondent à plusieurs sons.
Pour ne pas te tromper, il faut bien regarder le contexte de la phrase.
Par exemple, tu ne lirais pas : « Je fais de la nata[t]ion à la piscine », mais bien « Je fais de la nata[s]ion à la piscine. »
Il faut donc retenir que les lettres tie/ tion produisent parfois le son [sj] et parfois le son [tj].

[sjo]

2 + 3 = 5

addition

addition

[tjo]

question

question

[si]

acrobatie

acrobatie

[ti]

sortie

sortie

Les enchaînements de consonnes sc, sp, st, ct, pt

Les mots sont dans la plupart des cas formés d'un enchaînement consonne-voyelle ou voyelle-consonne, mais parfois ce sont des consonnes qui s'enchaînent.

- sc sc

un scorpion ■ un scarabée ■ un scoubidou

→ L'enchaînement de la lettre s et de la lettre c produit le son

Attention ! Dans scie et piscine, s + c font le son [s].

- st st

le sport ■ un sportif ■ spécial ■ une espèce ■ une aspérité ■

- ct ct

un cactus ■ un prospectus ■ le tracteur ■ une actrice ■ le facteur ■ un pacte

Attention ! Dans action et attraction, c + t produisent le son [ks].

- pt pt

un captif ■ capture ■ captiver ■ l'hélicoptère ■ une aptitude, l'optimiste ■ un opticien

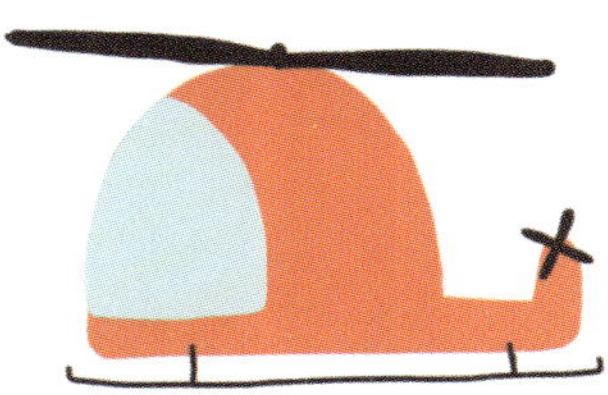

Les sons produits par les lettres x et w

La lettre x se lit de plusieurs façons selon sa place dans le mot et la lettre qui la précède ou la suit.
Elle peut ainsi se prononcer [s], [gz], [ks], [z] ou pas du tout.

- [s]

six ■ dix ■ soixante

- [gz]

un exercice ■ un exemple ■ exact ■ il existe ■ il exagère
elle examine

- [ks]

un taxi ■ la boxe ■ luxueux ■ elle fixe ■ un texte ■ Alexandre
extraordinaire ■ l'oxygène

- [z]

sixième ■ dixième

- Lettre muette

un preux ■ deux ■ c'est boueux ■ il est amoureux
merveilleux ■ la paix ■ heureux

- Enfin, il y a le x qui marque le pluriel des noms :

des hiboux ■ les genoux ■ des joujoux ■ les choux
les agneaux ■ des chevaux ■ les cheveux ■ les veaux
les tableaux...

- La lettre w peut se lire [v] ou [w]

[v] : un wagon
[w] : un kiwi ■ le water-polo ■ le week-end ■ une poire William

Les syllabes oin / ion, ain / ian et ein / ien

Certains mots ont des orthographes proches. Ils comportent les mêmes lettres mais mises dans un ordre un peu différent, par exemple : lion et loin. Il ne faut pas les confondre.

- **oin** oin

un point ■ le poing ■ loin ■ le coin ■ du foin ■ moins ■ un soin

- **ion** ion

un pion ■ le lion ■ un espion ■ un avion ■ la natation
la multiplication

- **ain** ain

une main ■ demain ■ le poulain ■ du grain ■ un copain
maintenant ■ du pain ■ le train

- **ian** ian

la viande ■ un dépliant ■ riant ■ pliante

- **ein** ein

plein ■ les reins ■ la peinture ■ des freins ■ la ceinture
des empreintes

- **ien** ien

le chien ■ c'est bien ■ un comédien ■ le gardien ■ un Indien
un chirurgien ■ c'est le mien

Attention ! ien peut aussi faire le son [iɑ̃] comme dans :
un client, un patient, impatient.

ISBN : 9782820805225
Achevé d'imprimer en Europe en mai 2016.
Dépôt légal : mai 2016.